Ainsi va la vie

Max et Lili disent que c'est pas de leur faute

Dominique de Saint Mars

Serge Bloch

D1775768

©CALLIGRAM

CHRISTIAN GALLIMARD

*Avec la collaboration
de Renaud de Saint Mars.*

Série dirigée par Dominique de Saint Mars

© Calligram
Tous droits réservés pour tous pays
Imprimé en Italie - C4557601
ISBN : 978-2-88480-795-1

5

6

7

8

Mais c'est la faute de personne, c'est juste l'instinct du chat en présence d'un poisson ! Pompon a dû faire basculer l'aquarium en voulant...

Tu parles, c'est plutôt le ballon de Max, oui !

Instinct ou pas, en tout cas c'est pas de ma faute !

POMPON !

POMPON !

POMPOOON !

9

Pfft... J'étais bien tranquille. Tu ne peux pas arrêter de me copier, un peu ?!

Qui ?! Moi ?! Moi, te copier ? Mais tu rêves, ma pauvre Lili !

Et tu m'empêches de travailler ! Si j'ai des mauvaises notes, c'est à cause de toi !

C'est ça, cherche-toi des excuses aussi ! Tu me copies, ma parole !

11

Mais arrêtez de vous chamailler !
« C'est toi ! C'est pas moi ! ». Il faut assumer
ce qu'on fait, arrêter de se défausser
tout le temps sur les autres !

Mais moi
je...

Max, ce n'est pas toi qui as laissé
ton slip de bain dans la voiture,
alors que tu m'avais dit
qu'on te l'avait volé
à la piscine ?!

C'est peut-être
Pluche ?!

?

13

14

Je t'assure, il a fait exprès de laisser filer Pompon !

Pour pas que Pompon parle... ?

C'est pas vrai ! C'est à cause de toi, tu l'as battu ! Je devrais te dénoncer à la S.P.A.* !

Pas du tout, je l'ai seulement menacé... Mais évidemment, il est aussi susceptible que toi !

Arrêtez ! C'est jour de frites !

* S.P.A. : Société Protectrice des Animaux.

Tu trouves aussi que je fais trop ma victime, Koffi ? que j'accuse toujours les autres ?

Ben, un peu oui... On fait tous pareil pour se protéger, on a peur d'être minable si on reconnaît sa bêtise ou sa faute...

Ça devient un réflexe !

Moi, ma plus grande faute, c'est une faute d'orthograghe* !

HIHI !

HUHU !

* Comme l'écrit Jacques Prévert dans son poème « Mea culpa » dans *Histoires*.

* Retrouve Max dans *Max se fait insulter à la récré.*

Ton frère, il a l'air triste depuis qu'il a perdu son chat ! Il paraît que c'est à cause de toi...

Quoi ?!! C'est LUI qui a cassé l'aquarium ! Et d'abord, c'est pas SON chat !

Mais il paraît que ça revient, les chats, même quand on les a maltraités, enfin c'est Max qui a dit ça...

AAH, Max a dit ça ! Tu vas voir...

Alors là... ! Heureusement que vous étiez là !
Elle m'aurait donné une baffe, comme ça,
devant tout le monde... !

Ça t'apprendra,
toi, la peste !

Allez ! On va
être en retard
à la danse !

HÉHÉ !

22

Oh zut ! Je n'ai plus qu'un chausson, l'autre a dû tomber ! Je vais le chercher...

Ah zut ! J'ai rien vu ! Et toi, Clara ?

Tu es dure quand même avec Valentine !

C'est de sa faute, elle était trop contente que Max lui dise du mal de moi !

Et si on cherchait Pompon dans le quartier ?

Oui, t'es trop sympa ! Tu vois, avec toi je ne dirais jamais : « C'est pas moi ! » ou « C'est pas de ma faute ! ».

T'as pas besoin de paraître parfait avec moi ! On est de vieux copains, on se connaît trop, on n'a pas peur de se décevoir !

Ouaip, c'est vrai ! Mais regarde, un chat a filé derrière le mur… ! Fonce tout droit, moi je fais le tour de la maison pour le coincer !

26

Maman, Koffi peut rester dîner ? Je vais avoir besoin d'amitié, je sens ça...

Non, je dois rentrer. Tiens bon...

Dites, je voulais faire une mousse au chocolat, mais la plaquette a disparu... Ça vous dit quelque chose ?

C'est pas moi !

Si, c'est toi ! Tu as encore du chocolat au coin de la bouche !

Hein ? Quoi ? Mais c'est pas... euh... du chocolat !

Oh, la menteuse ! Prise en flagrant délit...

Il dépassait d'une poubelle avec une vieille arête de poisson dans la bouche ! Heureusement, il m'a reconnu... Il s'est laissé prendre ! Mais ça sentait mauvais !

Aaah, j'étais sûr qu'il reviendrait !

Tu sais toujours tout !

Mais il n'est pas revenu tout seul ! C'est Koffi qui l'a trouvé, dans une poubelle.

Rends-le-moi !

Je crois qu'il préfère être avec moi ! On le comprend...

Personne n'a pris mon portable, les enfants ?

En tout cas, pas moi !

Hum !

Euh, je crois que je l'ai trouvé !

Tu es sûr que ce n'est pas toi qui as joué avec ?

31

Max, pourquoi tu peux jamais avouer que c'est toi ? C'est pénible !

Mais si je n'étais pas le meilleur, je ne serais plus respecté...

?

Moi, j'ai envie de t'épater, maman, et ma maîtresse aussi, et Lili aussi, et papa aussi ! Et qu'on soit fier de moi !

Mais je le suis déjà...

* Retrouve Lili dans *Lili se fait toujours gronder*.

Quand on casse quelque chose, on nous dit qu'on est méchants au lieu de... juste un peu maladroits !

Quand on ne comprend pas un exercice, on nous dit : « T'es bête ou quoi ? » au lieu de : « Recommence, tu vas y arriver, bravo ! »

Moi non plus, je n'aime pas reconnaître que j'ai tort... !

Ça, c'est vrai... !

Ça te va bien de dire ça...

Ah ! Vous n'allez pas recommencer...

Tu te vois en train de dire : « T'AS RAISON, C'EST MOI QUI AI TORT ! »

Ou même : « DÉSOLÉ, C'EST À CAUSE DE MOI ! »

Ou : « C'EST ENCORE DE MA FAUTE ! »

Et ça : « J'AI DIT N'IMPORTE QUOI ! »

Ou : « JE ME SUIS TROMPÉ ! » Non, pas possible, tu te rends compte... ?

Ou plutôt : « JE DEVRAIS TOUJOURS FAIRE COMME TOI ! » Effrayant, non ?

Et toi, je te vois pas non plus disant : « TU ES MON EXEMPLE ! »

Ou simplement : « JE SUIS VRAIMENT NUL ! »

Ou encore : « C'EST VRAI QUE TU ES MIEUX QUE MOI ! » Ha ha, trop drôle...

Ou même : « JE L'AI FAIT EXPRÈS, JE LE RECONNAIS ! »

Et ça : « J'AI DIT NON, MAIS EN FAIT C'ÉTAIT OUI ! »

« OUI, C'EST MOI LE RESPONSABLE ! » Là, je meurs !

« JE SAIS BIEN QUE C'EST PAS TOI ! » Non, ça, c'est trop exagéré ?

« J'AI PAS FAIT ATTENTION ! ». Non, c'est dingue d'avouer ça...

« T'ES VRAIMENT MIEUX QUE MOI ! » Non, là, je pourrais jamais !

Quand même, ça fait moins de stress de ne pas vouloir être parfait... et même d'accepter d'être inférieur! On essaie, Maxounet ?

Tu as raison... Mais tu veux commencer tout de suite en vrai ?!

Les autres vont peut-être croire qu'on se moque d'eux... ?!

Et qu'on ne veut plus être des enfants... ?

Faudrait pas grandir trop vite !

Sinon, faudrait changer de lit !

Et toi...

Est-ce qu'il t'est arrivé la même histoire qu'à Max et Lili?
Réponds aux deux questionnaires...

Tu as peur d'être puni ? de ne plus être aimé ?
de te retrouver seul ? de te sentir nul ? bête ? méchant ?

Tu ne veux jamais avoir tort ? Tu ne supportes pas
les reproches ? Tu te sens vite inférieur ? trop différent ?

Tu veux être parfait pour qu'on t'admire et te remercie,
ne pas décevoir ? Tu dis que tout ce qui est bien est grâce à toi ?

Tu es prêt à mentir, à accuser les autres ? Tu ne sais te défendre qu'en te faisant passer pour une victime ?

Tu n'as plus confiance en toi ? Tes parents te grondent ? Ils sont de mauvaise humeur ? Ils se disputent ?

Tu te sens responsable de la tristesse de quelqu'un ? Tu te rappelles un jour de honte où tu t'es senti en faute ?

Tu as une bonne image de toi ? Tes parents reconnaissent tes qualités, tes efforts, et s'excusent pour leurs erreurs ?

Si tu as fait du mal, tu t'expliques, tu dis que tu ne l'as pas fait exprès, tu demandes pardon ?

Tu sais ce qui te gêne ou te fait honte et tu le dis ? Tu remercies souvent ? Tu es gentil avec les autres ?

Ça t'est égal de ne pas être le meilleur, le plus fort,
de faire des erreurs ? Ça te pousse à faire des progrès ?

Tu trouves moins stressant de s'accepter comme on est ?
et pas vraiment utile de rejeter la faute sur les autres ?

Ça t'énerve quand les autres n'acceptent pas
ce qu'ils ont fait ? qu'ils fuient leurs responsabilités ?

**Après avoir réfléchi
à ces questions sur la responsabilité,
tu peux en parler
avec tes parents ou tes amis.**

Dans la même collection

www.editionscalligram.com

Applications Max et Lili disponibles sur

 Suivez notre actualité sur Facebook
MaxEtLili

 Suivez notre actualité sur Instagram
maxetLili